Liebe Schülerin, lieber Schüler,

wenn du dieses Heft durchgearbeitet hast, kennst du dich auf der Erde besser aus. Dann weißt du, wie Kontinente, Länder, Meere, Flüsse, Gebirge, Landschaften und Städte heißen und wo sie liegen. Jedes Thema kannst du unabhängig von den anderen Themen bearbeiten. Du brauchst außer einem Atlas auch keine weiteren Bücher zur Lösung der Aufgaben.

In dieses Heft kannst du hineinschreiben. Schreibe deine Antworten mit Bleistift. So kannst du Fehler leicht verbessern. Du kannst die Karten mit Buntstiften (nicht mit Filzstiften) farbig gestalten.

Auf jeden Strich und in jedes Kästchen kommt nur **ein** Buchstabe (z.B. R h e i n); ä, ö, ü und ß gelten als jeweils **ein** Buchstabe (z.B. M ü n c h e n , S t r a ß b u r g). Die Zahl der Striche und Kästchen entspricht immer der Buchstabenzahl des gesuchten Wortes. Das ist eine Lösungshilfe für dich.

Bei vielen Aufgaben ergibt sich ein Lösungswort oder ein Lösungssatz. So kannst du feststellen, ob deine Ergebnisse richtig sind.

Damit du deinen Lernerfolg prüfen kannst, gibt es die Testseiten „Prüfe dein Wissen". Vor dem Test mußt du allerdings die Aufgaben auf den vorhergehenden Seiten gelöst haben.

D1666321

Inhaltsverzeichnis

Deutschland: Teilräume

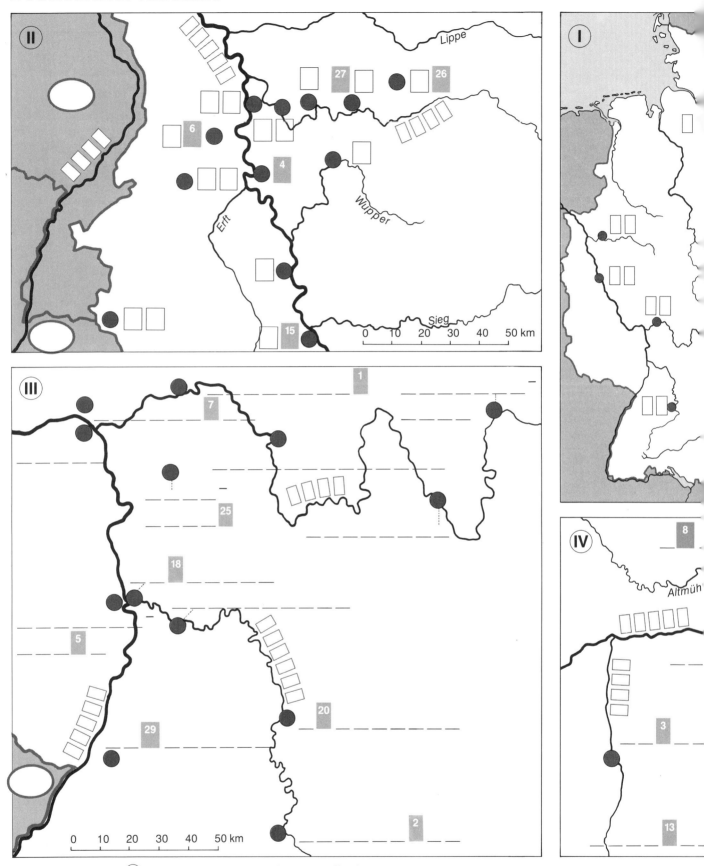

1. Trage in die Karte ⓘⓘ ein: **Flüsse:** R h e i n , M a a s , R u h r

   Autokennzeichen der Städte am Rhein: B N , D , D U , K

   Autokennzeichen der Städte an der Ruhr: B O , D O , E , M H

   Autokennzeichen der übrigen Städte: A C , K R , M G , W

2. Trage in die Karten ⓘⓘⓘ – Ⓥⓘ alle **Städte** und **Flüsse** ein.

3. Trage in die Karten ⓘⓘ und ⓘⓘⓘ die **Nationalitätenkennzeichen** ein.

Lösungswörter:

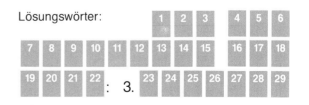

: 3.

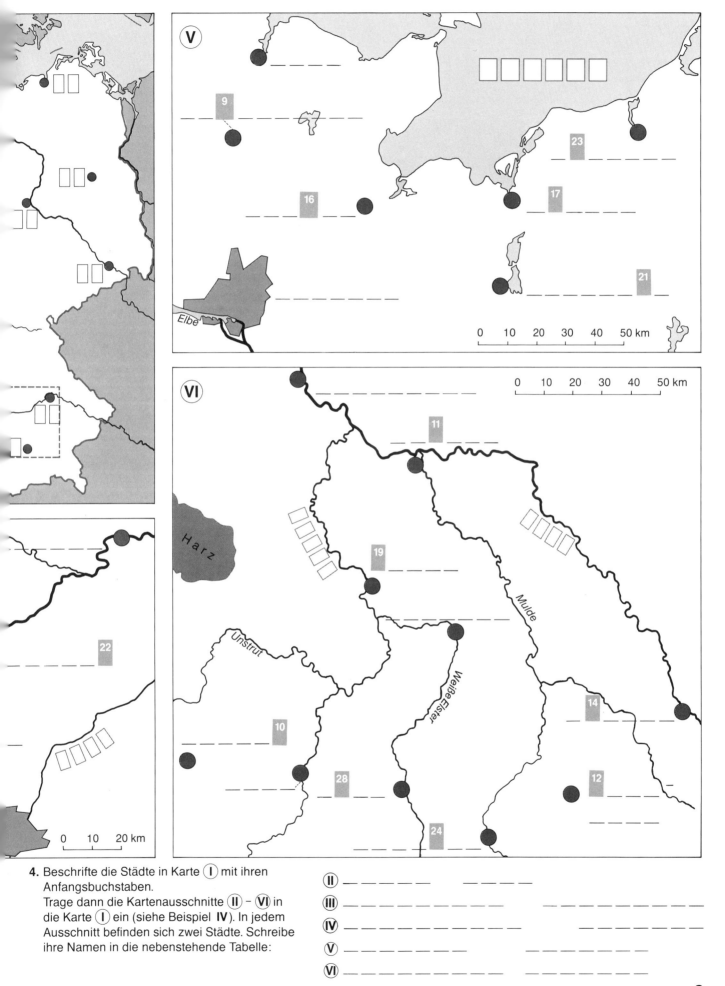

4. Beschrifte die Städte in Karte Ⓘ mit ihren Anfangsbuchstaben.

Trage dann die Kartenausschnitte ⒾⒾ – ⓋⒾ in die Karte Ⓘ ein (siehe Beispiel **IV**). In jedem Ausschnitt befinden sich zwei Städte. Schreibe ihre Namen in die nebenstehende Tabelle:

ⒾⒾ _ _ _ _ _ _   _ _ _ _

ⒾⒾⒾ _ _ _ _ _ _ _ _   _ _ _ _ _ _ _ _

ⒾⓋ _ _ _ _ _ _ _ _ _ _

Ⓥ _ _ _ _ _ _   _ _ _ _ _ _

ⓋⒾ _ _ _ _ _ _ _ _ _ _

Europa: Teilräume

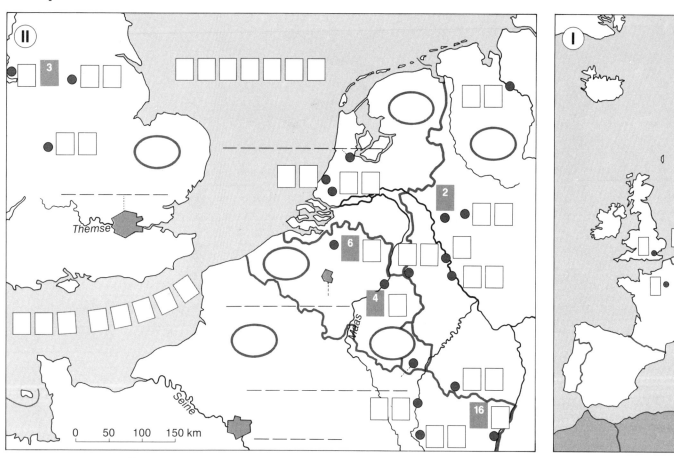

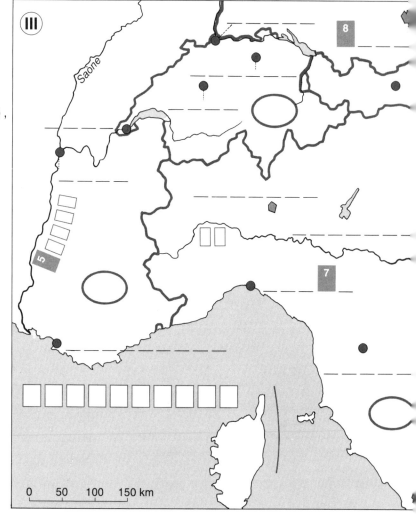

1. Trage in die Karte II ein:

a) N o r d s e e , D e r K a n a l

b) Nationalitätenkennzeichen

c) Hauptstädte

d) Folgende **Städte** mit den angegebenen Abkürzungen:

Aachen (A C) , Antwerpen (A W) ,
Birmingham (B H) , Bonn (B N) , Bremen (H B) ,
Den Haag (D H) , Dortmund (D O) ,
Essen (E) , Köln (K) , Liverpool (L I) ,
Lüttich (L Ü) , Metz (M E) , Nancy (N C) ,
Saarbrücken (S B) , Sheffield (S H) ,
Straßburg (S T) , Rotterdam (R O)

2. Trage in die Karte III ein:

a) A d r i a t i s c h e s M e e r , M i t t e l -
m e e r , D o n a u , P o , R h ô n e

b) Nationalitätenkennzeichen

c) Städte. – Unterstreiche die Hauptstädte rot.
Schreibe dann folgende Hauptstädte heraus:

Hauptstädte	Nationalitäten-Kennzeichen
B _ _ _ _ _	_ _
B _ _ _ _ _ _	_
R _ _ _ _	_
W _ _ _ _	_

Lösungswort (Teil 1):

4

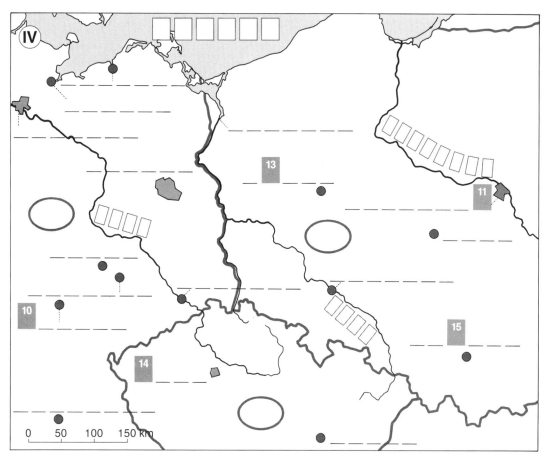

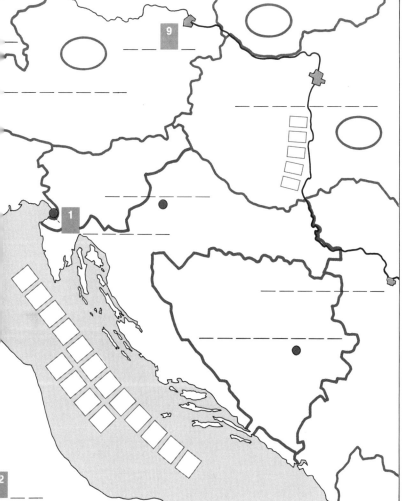

3. Trage in die Karte Ⓘⓥ ein:
   a) O s t s e e , E l b e , O d e r , W e i c h s e l
   b) **Nationalitätenkennzeichen**
   c) **Städte.** – Unterstreiche zusätzlich die Haupt-
      städte und schreibe sie heraus.

Hauptstädte	Nationalitäten-Kennzeichen
B _ _ _ _ _ _	_ _
P _ _ _ _ _	_ _
W _ _ _ _ _	_ _

4. Trage die Anfangsbuchstaben der folgenden
   Städte in die Karte Ⓘ ein:

   – Bremen – Straßburg – Paris – London – Wien
   – Belgrad – Rom – Marseille – Warschau – Prag
   – Hamburg – Amsterdam

   Übertrage die Kartenausschnitte der Karten ⒾⒾ,
   Ⓘ Ⓘ Ⓘ und Ⓘⓥ in die Karte Ⓘ. Orientiere dich dabei
   an den genannten Städten.

5. Schreibe die Anfangsbuchstaben der Städte in
   den Kartenausschnitten der Karte Ⓘ auf:

   ⒾⒾ _ _ _ _ _ _

   Ⓘ Ⓘ Ⓘ _ _ _ _ _

   Ⓘⓥ _ _ _ _ _

Lösungswort
(Teil 2):

Europa: Staaten, Europäische Union

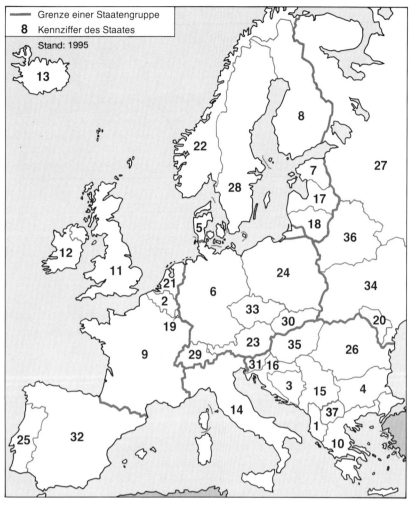

Grenze einer Staatengruppe
8 Kennziffer des Staates
Stand: 1995

1. Die Staaten Europas lassen sich entsprechend ihrer Lage auf dem Kontinent zu Gruppen zusammenfassen (vgl. Karte und Überschriften der Tabellen).

a: Trage in jede Tabelle die passenden Namen der Staaten ein. Ordne dabei die Namen innerhalb einer Tabelle in alphabetischer Reihenfolge.

b: Ordne die Kennziffern der Staaten (vgl. Karte) den Namen in den Tabellen zu. Überprüfe in jeder Tabelle die Summe der Kennziffern.

2. Welche Staaten gehören zur **EU (Europäischen Union)**? Schlage im Atlas nach. Markiere die Flächen der EU-Staaten in der Karte in einer einheitlichen Farbe und unterstreiche die Staaten in den Tabellen.
Lösung: Die Summe der Kennziffern aller EU-Staaten beträgt 225 (Stand 1995).

Staat	Kenn-ziffer
Nordeuropa	
_ _ _ _ _ _ _	_ _
_ _ _ _ _ _ _	_ _
_ _ _ _ _ _ _	_ _
_ _ _ _ _ _ _	_ _
_ _ _ _ _ _ _	_ _
Summe:	118
Südeuropa	
_ _ _ _ _ _ _	_ _
_ _ _ _ _ _ _	_ _
Summe:	71

Staat	Kenn-ziffer
Westeuropa	
_ _ _ _ _ _ _	_ _
_ _ _ _ _ _ _	_ _
_ _ _ _ _ _ _	_ _
_ _ _ _ _ _ _	_ _
Summe:	74
Mitteleuropa	
_ _ _ _ _ _ _	_ _
_ _ _ _ _ _ _	_ _
_ _ _ _ _ _ _	
_ _ _ _ _ Rep.	
Summe:	145

Staat	Kenn-ziffer
Osteuropa	
_ _ _ _ _ _ _	_ _
_ _ _ _ _ _ (Teil)	_ _
_ _ _ _ _ _ _	_ _
Summe:	117
Südosteuropa	
Bosnien- _ _ _ _	_ _
_ _ _ _ _ _ _	_ _
_ _ _ _ _ _ _	_ _
_ _ _ _ _ _ _	_ _
_ _ _ _ _ _ _	_ _
Summe:	178

Test: Deutschland/Europa

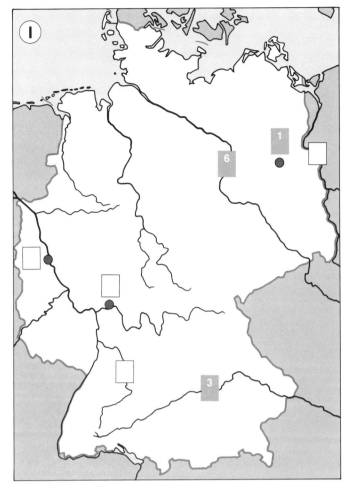

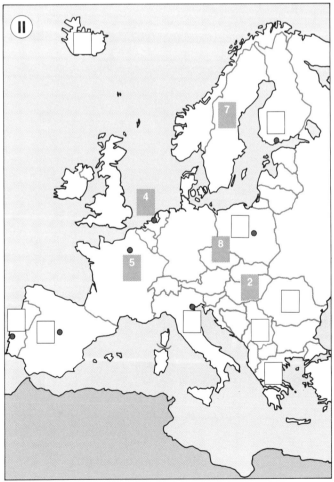

Schreibe die Namen auf und trage jeweils den Anfangs-
buchstaben in die entsprechenden Kästchen der Karten (I)
und (II) ein.

Du erhältst folgende Hilfen:
L = Land, N = Nationalitätenkennzeichen,
F = Fluß, HS = Hauptstadt, S = Stadt,
(D) = in Deutschland, (I) = in Italien

A _ _30_ _ _ _ _ _ _ _ _   HS

B _11_ _ _ _ _ _   HS

C 15_ _ _ _ _ _   N

D _ _ _10_ _ _   F

E _ _9_ _ _   F

F _ _ _ _ _29_ _ _ _ _ / _21_ _ _ _ _   S (D)

G _ _ _ _26_ _ _ _ _ _ _ _ _   L

H _ _ _14_ _ _ _ _   HS

I _ _28_ _ _ _   L

K _ _24_ _ _   S (D)

L _ _ _ _ _12_ _ _ _   HS

M _ _23_ _ _ _   HS

N _22_ _ _   F

O _ _18_   F

P _ _25_ _ _ _   HS

R _ _13_ _ _   L

S _17_ _ _ _ _   L

T _ _ _ _ _27_ _ _ _ _ _ Rep.   L

U _19_ _ _ _   L

V _ _20_ _ _   S (I)

W _ _ _16_ _ _ _ _   HS

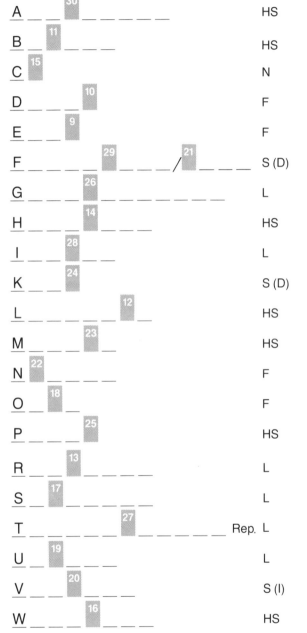

Lösungswort (HS) zu den Karten:

1	2	3	4	5	6	7	8

Lösungswörter zur Tabelle:

9	10	11	12	p	13	14	15	16	17	18

19	20	21	22	23	24	25	26	27	28	29	30

Die Welt im Überblick

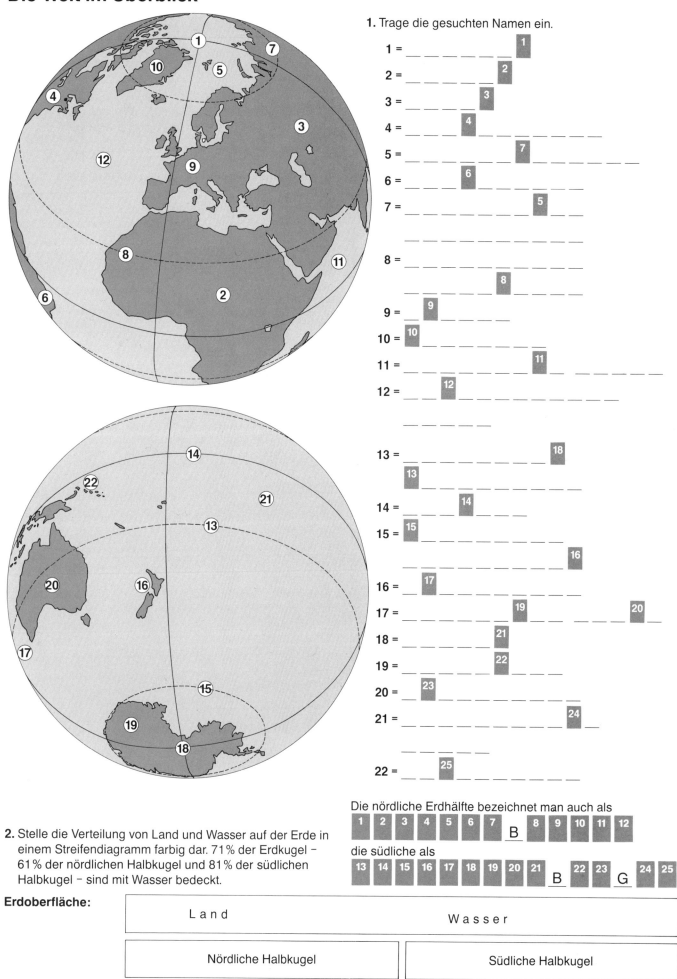

1. Trage die gesuchten Namen ein.

1 = _ _ _ _ _ _ [1]

2 = _ _ _ _ _ _ [2]

3 = _ _ _ _ [3]

4 = _ _ _ [4]

5 = _ _ _ _ _ _ _ [7] _ _ _ _ _

6 = _ _ _ [6]

7 = _ _ _ _ _ _ [5]

_ _ _ _ _ _ _

8 = _ _ _ _ _ _ [8] _ _ _ _

9 = _ _ [9]

10 = [10]

11 = _ _ _ _ _ _ _ [11] _ _ _ _ _

12 = _ [12] _ _ _ _ _ _ _ _

_ _ _ _

13 = _ _ _ _ _ _ _ [18]

[13]

14 = _ _ [14]

15 = [15]

_ _ _ _ _ _ _ [16]

16 = [17]

17 = _ _ _ _ [19] _ _ _ [20] _

18 = _ _ [21]

19 = _ _ [22]

20 = [23]

21 = _ _ _ _ _ _ [24] _

_ _ _ _

22 = _ [25] _ _ _ _ _ _

2. Stelle die Verteilung von Land und Wasser auf der Erde in einem Streifendiagramm farbig dar. 71 % der Erdkugel – 61 % der nördlichen Halbkugel und 81 % der südlichen Halbkugel – sind mit Wasser bedeckt.

Die nördliche Erdhälfte bezeichnet man auch als

| [1] | [2] | [3] | [4] | [5] | [6] | [7] | B | [8] | [9] | [10] | [11] | [12] |

die südliche als

| [13] | [14] | [15] | [16] | [17] | [18] | [19] | [20] | [21] | B | [22] | [23] | G | [24] | [25] |

Erdoberfläche:

L a n d	W a s s e r

Nördliche Halbkugel	Südliche Halbkugel

Amerika im Überblick

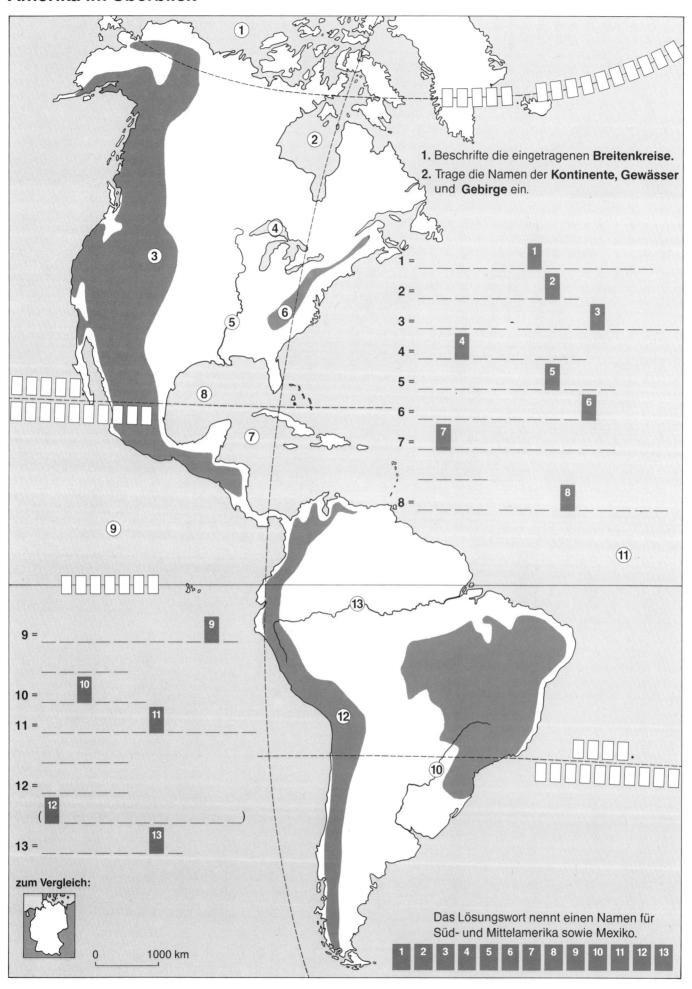

1. Beschrifte die eingetragenen **Breitenkreise**.
2. Trage die Namen der **Kontinente, Gewässer** und **Gebirge** ein.

1 = _ _ _ _ _ _ _ _ _ _ _ _ _ _ _ _

2 = _ _ _ _ _ _ _ _ _ _ _ _ _ _ _ _

3 = _ _ _ _ _ _ _ - _ _ _ _ _ _ _ _ _

4 = _ _ _ _ _ _ _ _ _ _ _ _

5 = _ _ _ _ _ _ _ _ _ _ _ _ _ _ _ _

6 = _ _ _ _ _ _ _ _ _ _ _ _ _ _ _ _

7 = _ _ _ _ _ _ _ _ _ _ _ _ _ _

8 = _ _ _ _ _ _ _ _ _ _ _ _ _ _ _ _

9 = _ _ _ _ _ _ _ _ _ _ _

10 = _ _ _ _ _ _ _ _ _ _ _

11 = _ _ _ _ _ _ _ _ _ _ _

12 = _ _ _ _ _ _ _ _ _ _ _

(_ _ _ _ _ _ _ _ _ _ _)

13 = _ _ _ _ _ _ _ _ _ _ _

zum Vergleich:

0 _____ 1000 km

Das Lösungswort nennt einen Namen für Süd- und Mittelamerika sowie Mexiko.

| 1 | 2 | 3 | 4 | 5 | 6 | 7 | 8 | 9 | 10 | 11 | 12 | 13 |

Nordamerika

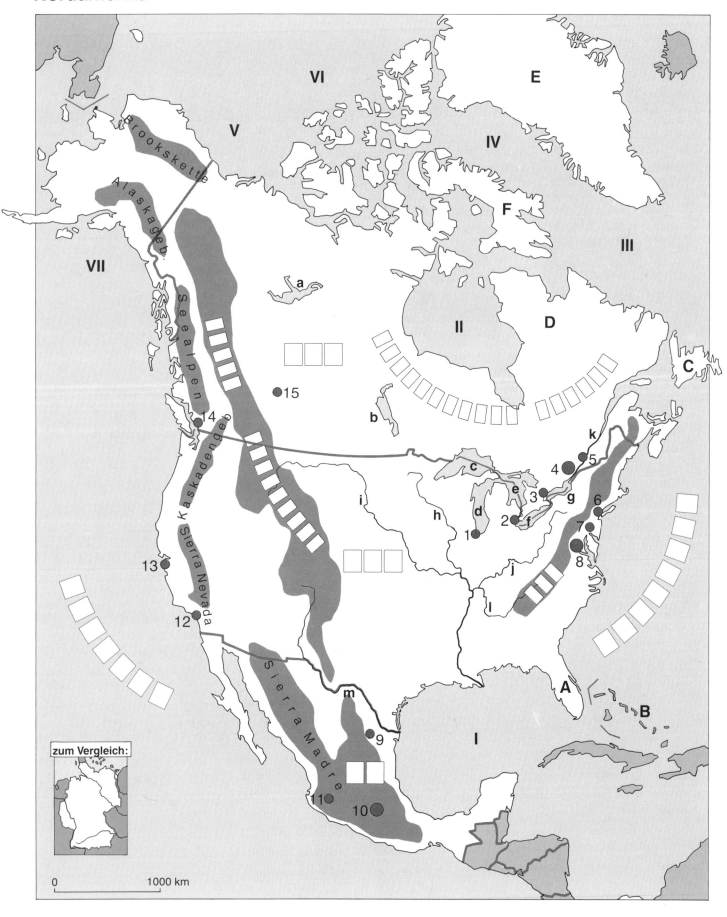

1. Trage in die Karte ein: Kanada (C A N), Mexiko (M X), Vereinigte Staaten von Amerika (U S A),
R o c k y M o u n t a i n s, Appalachen (A P P), K a n a d i s c h e r S c h i l d, A t l a n t i k, P a z i f i k

2. Nimm den Atlas zu Hilfe und trage die gesuchten Namen ein.

Meere, Meeresteile, Inseln, Halbinseln

I = __ [3] __ __ __ __ __ [4] __   II = __ __ [6] __ __ __ __

III = __ __ [2] __ __ __ __   IV = __ __ __ [1] __ __ __

V = __ [5] __ __ __ __ [7] __   VI = __ [8] __ __ __ __ __ __ -

VII = G [10]o l f v o n __ __ [13] __   [9]

A = __ __ __ [12] __   B = __ __ [11] __ __ __

C = __ [16] __ __ __ __   D = __ __ __ [14] __ __

E = __ [17] __ __ __ __   F = __ __ __ __ [15] insel

Die Lösungswörter nennen zwei Indianerstämme.

[1] [2] [3] [4] [5] [6] [7] [8] [9] [10] [11] [12] [13] [14] [15] [16] [17]

Seen und Flüsse

a = __ [1] __ __ __ __ __ __ __ __ [6] __   b = __ [7] __ __ __ __ __ __ [5] __ __ __

c = __ __ [2] __ __ __ __   d = __ __ __ __ __ [13] __ __

e = __ [10] __ __ __ __ __   f = __ __ [4] __ __ __

g = __ __ __ [8] __ __   h = __ __ __ __ [11] __ __

i = __ __ [9] __ __   j = __ __ __ [3] __

k = __ __ - __ [15] __ __ - __ __ __   l = [14] __ __ [16] __

m = __ __ __ __ [12] __ __

Das Lösungswort nennt den Namen des ersten Präsidenten der USA.

[1] [2] [3] [4] [5] [6] [7] [8] [9] [10] [11] [12] [13] [14] [15] [16]

Städte

1 = __ [5] __ __ __   2 = __ __ __ __ __ [7] __   3 = [8] __ __ __ __

4 = __ [13] __ __   5 = __ __ __ __ __ [12] __   6 = __ [15] __ __

7 = __ [4] __ __   8 = __ [10] __ __

9 = __ __ [6] __   10 = [3] __ __ __   11 = __ __ __ __ -

12 = __ [9] __ __   __ __ [2] __

13 = __ [1] __ __ __ __   14 = __ __ __ [14] __

15 = __ __ [11] __ __

Das Lösungswort nennt ein Wahrzeichen der USA.

[1] [2] [3] [4] [5] [6] [7] [8] [9] [10] [11] [12] [13] [14] [15]

USA – Silbenrätsel

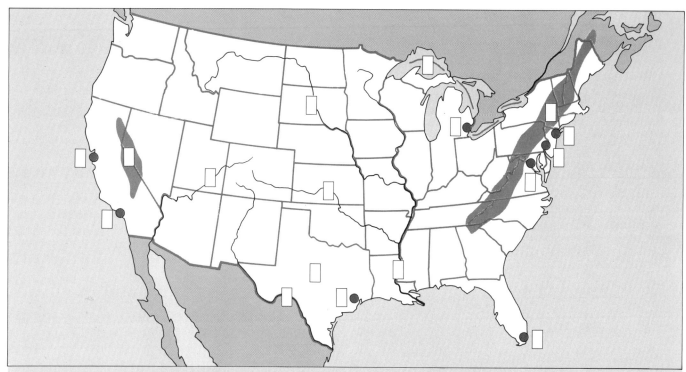

a – a – an – ap – ar – be – chen – cis – co – co – da – de – de – del – do – er – fran – ge – gran – hing – hou – kan
la – la – les – lo – los – mi – mi – mis – mis – ne – new – o – o – pa – pi – phi – phi – ra – ra – rer – ri – ri – san – sas
see – si – si – sip – sou – ston – te – ton – troit – va – was – xas – york

Bilde aus den Silben die unten gesuchten Begriffe und übertrage die Ziffern in die Karte.
Aus den Buchstaben in der Klammer ergibt sich das Lösungswort.

1 = Stadt an der Südspitze Floridas *(4. Buchstabe)* ....

2 = Gebirge im Nordosten *(4. B.)* ....

3 = Nebenfluß des Mississippi *(5. B.)* ....

4 = Stadt am Golf von Mexiko *(3. B.)* ....

5 = Stadt am Pazifik mit berühmter Brücke *(4. B.)* ....

6 = Hauptstadt der USA *(2. B.)* ....

7 = Fluß zum Golf von Kalifornien *(1. B.)* ....

8 = Stadt am Eriesee *(3. B.)* ....

9 = Längster Nebenfluß des Mississippi *(6. B.)* ....

10 = Gebirge östlich von San Francisco *(4. B.)* ....

11 = Strom zum Golf von Mexiko *(5. B.)* ....

12 = Größte Stadt am Pazifik *(5. B.)* ....

13 = Amerikanisch-mexikanischer Grenzfluß *(4. B.)* ....

14 = Größter See Nordamerikas *(2. B.)* ....

15 = Größte Stadt der USA *(2. B.)* ....

16 = Millionenstadt in Pennsylvania *(4. B.)* ....

17 = Bundesstaat am Golf von Mexiko *(1. B.)* ....

Lösungswort (bedeutendes Industriegebiet im Nordosten der USA):

1	2	3	4	5	6	7	8	9	10	11	12	13	14	15	16	17

Mittelamerika und Karibik

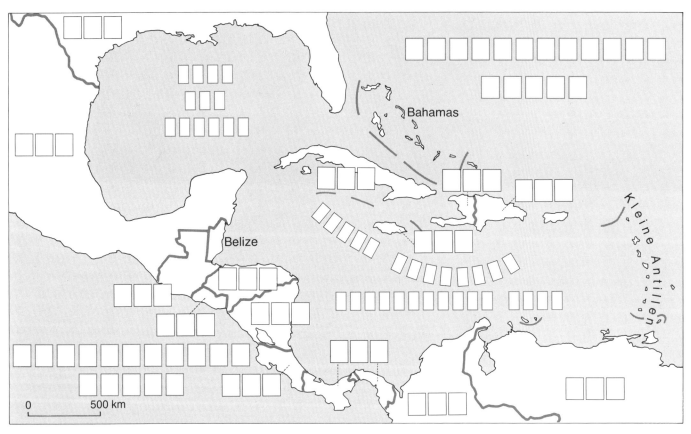

1. Trage die Namen der **Meere** und **Randmeere** sowie der **Inselgruppe** in die Karte ein.

2. Ordne die folgenden Staaten den unten aufgeführten Großräumen (jeweils von Norden nach Süden) zu und trage die Abkürzungen in die Karte ein.

Costa Rica (C O S) – Dominikanische Republik (D O M) – El Salvador (E L S) – Guatemala (G U A) – Haiti (H A I)
Honduras (H O N) – Jamaika (J A M) – Kolumbien (K O L) – Kuba (K U B) – Mexiko (M E X) – Nicaragua (N I C)
Panama (P A N) – Venezuela (V E N) – Vereinigte Staaten von Amerika (U S A)

Nordamerika

_ _

_ _ _ _ _ _

Karibik

Mittelamerika

B a h a m a s

B e l i z e

_ _ _ _

_ _ _ _ _ _ _ _ _ _

_ _ _ _ _ _ _ _ _ _ _ _ _ _

_ _ _ _ _ _ _ _ _ _

_ _ _ _ _ _

_ _ _ _ _

_ _ _ _ _ _

_ _ _ _ _

_ _ _ _ _ _

Südamerika

_ _ _ _ _ _ _ _ _ _

_ _ _ _ _ _ _ _ _

Südamerika: Teilräume

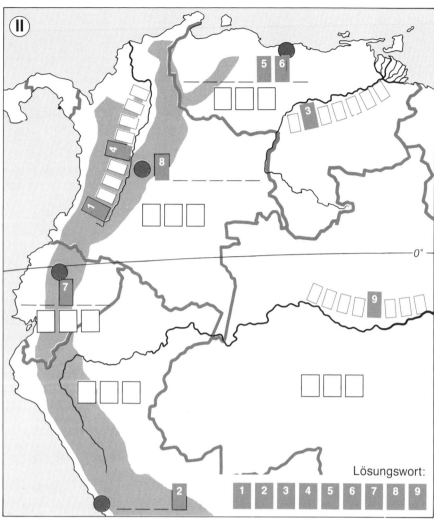

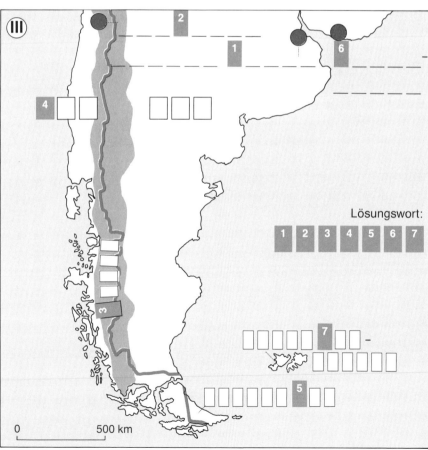

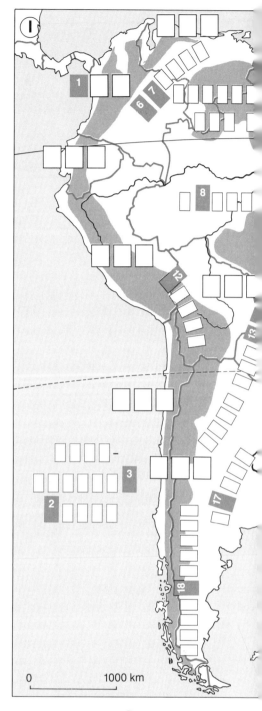

1. Trage in die Karte ① die **Landschaften** und **Gebirge** ein.
Verwende für die **Staaten** folgende Abkürzungen:

B R A (Brasilien) – A R G (Argentinien) – P E R (Peru) – K O L (Kolumbien) – B O L (Bolivien) – V E N (Venezuela) – C H I (Chile) – E C U (Ecuador) – P A R (Paraguay) – G U Y (Guyana) – U R U (Uruguay) – S U R (Surinam) – F G U (Französisch-Guayana).

Die zwei Lösungswörter ergeben eine andere Bezeichnung für die Anden sowie für den höchsten Berg Südamerikas.

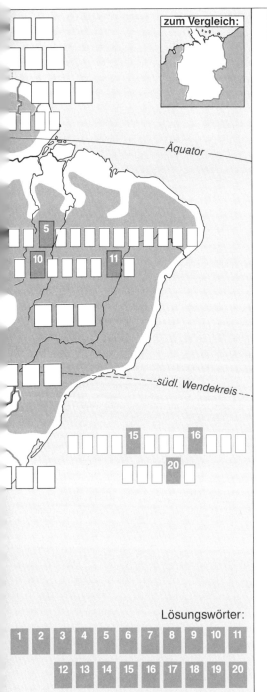

zum Vergleich:

Äquator

südl. Wendekreis

Lösungswörter:

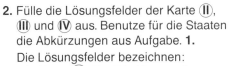

1	2	3	4	5	6	7	8	9	10	11
12	13	14	15	16	17	18	19	20		

2. Fülle die Lösungsfelder der Karte (II), (III) und (IV) aus. Benutze für die Staaten die Abkürzungen aus Aufgabe. 1.
Die Lösungsfelder bezeichnen:
– in Karte (II): Stadt in Venezuela;
– in Karte (III): Wüste am Pazifischen Ozean;
– in Karte (VI): zwei Städte Brasiliens.

3. Trage in Abbildung (V) **Landschaft, Gewässer, Gebirge** und **Städte** ein. Das Lösungswort nennt die Hauptstadt Paraguays.

4. Trage in die Karte (I) die Kartenausschnitte (II), (III) und (VI) ein.

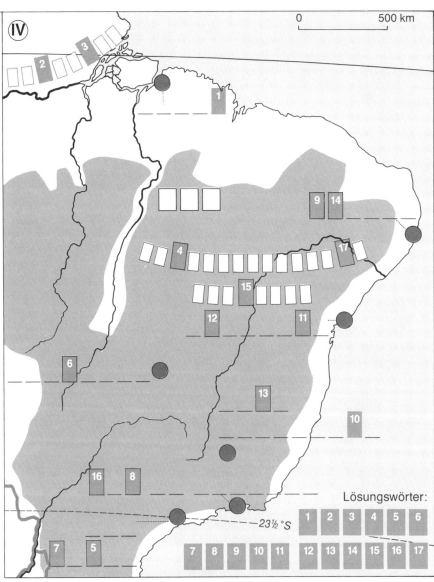

IV

0 ———— 500 km

23½ °S

Lösungswörter:

1	2	3	4	5	6
7	8	9	10	11	12	13	14	15	16	17

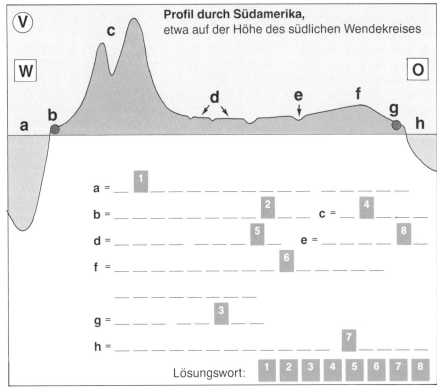

V

Profil durch Südamerika, etwa auf der Höhe des südlichen Wendekreises

W

O

a = [1]

b = _ _ _ _ _ _ _ [2] _ _   c = _ _ [4]

d = _ _ _ _ _ [5] _ _   e = _ _ [8]

f = _ _ _ _ _ _ [6] _

g = _ _ _ _ [3] _ _ _ _

h = _ _ _ _ _ _ [7] _ _

Lösungswort: | 1 | 2 | 3 | 4 | 5 | 6 | 7 | 8 |

Abenteuer-Reise durch Amerika

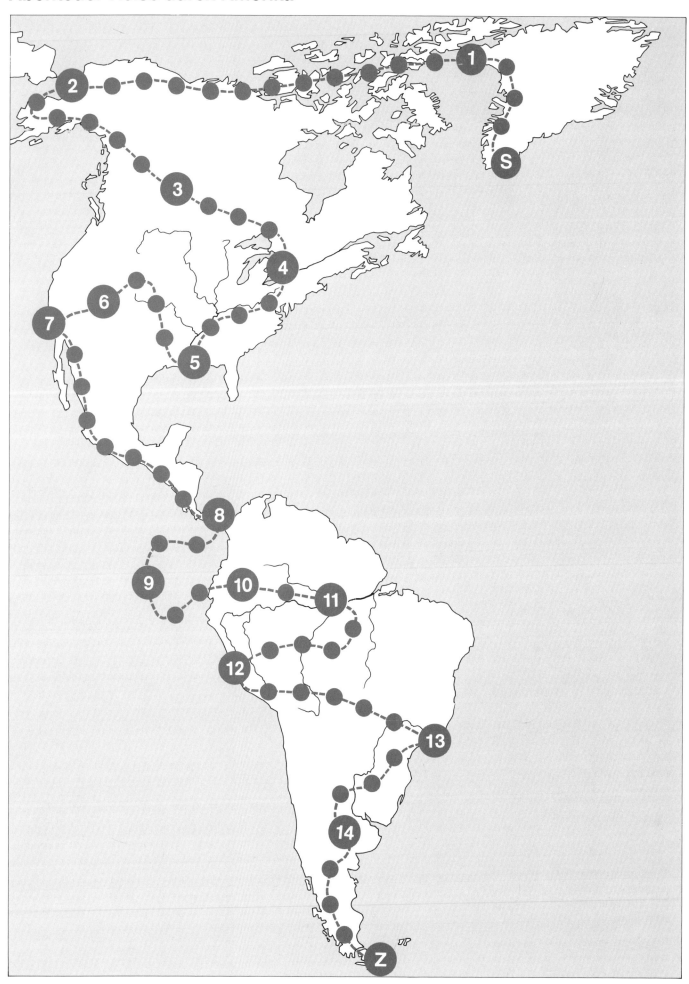

Spielanleitung

Ihr benötigt einen Würfel und für jeden Spieler eine Figur. Zwei bis vier Personen können teilnehmen. Der Spieler, der die höchste Augenzahl würfelt, beginnt. Er setzt seine Figur auf das Startfeld **S**. Wer auf ein numeriertes Feld kommt, kann Pech oder Glück haben. Das hängt von der jeweiligen Situation ab.

S	Grönland	Deine Fahrt nach Thule, entlang der Westküste der größten Insel der Welt, soll beginnen. Du bekommst das benötigte Hundeschlittengespann aber erst, *wenn du eine 1 würfelst.*
1	Thule	Du erhältst dort gleich einen Platz in einem Flugzeug der „Grönland-Fly"-Gesellschaft. *Rücke drei Felder vor.*
2	Kap Prince of Wales	Trotz der schlechten Sicht versuchst du, über die Beringstraße hinweg Asien zu erkennen. Dabei verspätest du dich. *2× aussetzen.*
3	Edmonton	Du hast den höchsten Berg Nordamerikas, den Mt. McKinley, vom Hubschrauber aus besichtigt. Die so gewonnene Zeit nutzt du zu einem Urlaubstag. *1× aussetzen.*
4	Toronto	Du nimmst dir Zeit für die Besteigung des höchsten Gebäudes der Welt in Toronto, des Canadian National Tower. Außerdem machst du einen Abstecher zu den nahe gelegenen Niagara-Wasserfällen. *Mit einer 4 geht deine Reise weiter.*
5	New Orleans	Die Fahrt auf dem Mississippi mit dem Raddampfer hat länger gedauert als erwartet. Um Zeit aufzuholen, *darfst du 3 Felder vorrücken.*
6	Grand Canyon	Der Blick in die 1500 m tiefe Schlucht des Colorado-Rivers nimmt dich gefangen. *1× aussetzen.*
7	Los Angeles	Für die Besichtigung der Filmstadt „Hollywood" nimmst du dir nur wenig Zeit. Deshalb darfst du *noch einmal würfeln.*
8	Panamakanal	Auf einem Kreuzfahrtschiff durchquerst du den Panamakanal. Weil du nicht auf der Passagierliste eingetragen bist, mußt du beim Zoll warten. Du bist wieder an der Reihe zu würfeln, *wenn alle Mitspieler 2× gewürfelt haben.*
9	Galapagos-Inseln	Du interessierst dich nicht für die Riesenschildkröten der Inseln und setzt deine Reise fort. *Rücke 1 Feld vor.*
10	Cotopaxi	Der höchste tätige Vulkan der Erde ist in Wolken gehüllt, so daß du ihn nicht sehen kannst. Du erhältst erst klare Sicht, *nachdem du 1× ausgesetzt hast.*
11	Manaus	Die Floßfahrt auf dem Amazonas ist dir nicht bekommen. Deshalb änderst du deine Reisepläne. Mit dem Flugzeug fliegst du nach Lima. *Rücke drei Felder vor.*
12	Lima	Du willst die höchstgelegene Eisenbahnstrecke der Welt (4818 m) von Lima nach Cuzco benutzen. Am Fahrkartenschalter mußt du warten, bis du an der Reihe bist. *Mit einer 5 geht die Reise weiter.*
13	Rio de Janeiro	Für die Besichtigung der Stadt läßt du dir viel Zeit. *1× aussetzen.*
14	Pampa	Du besichtigst eine Rinderhacienda in der Pampa. Dort lernst du einen Haciendero kennen, der dich in seinem Flugzeug mitreisen läßt. *Rücke zwei Felder vor.*
Z	Kap Horn	Du hast den südlichsten Punkt Amerikas erreicht. Hier ist deine Reise zu Ende.

Asien im Überblick

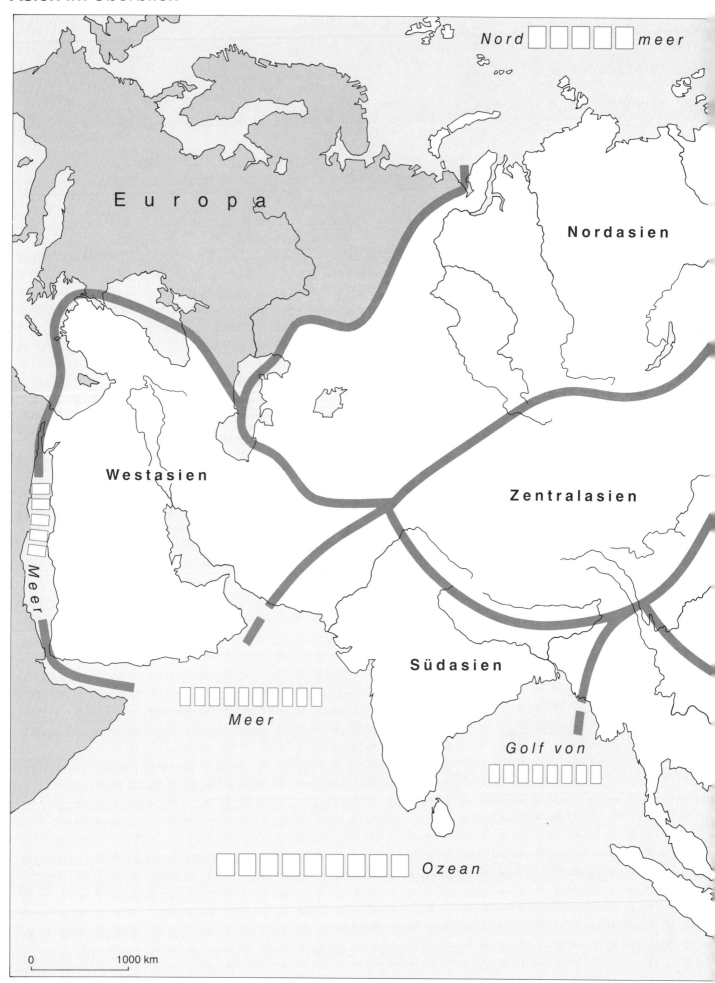

Nord ⬜⬜⬜⬜ meer

Nordasien

Europa

Westasien

Zentralasien

Südasien

⬜ Meer

⬜⬜⬜⬜⬜⬜⬜
Meer

Golf von
⬜⬜⬜⬜⬜⬜⬜⬜

⬜⬜⬜⬜⬜⬜⬜⬜⬜ Ozean

0   1000 km

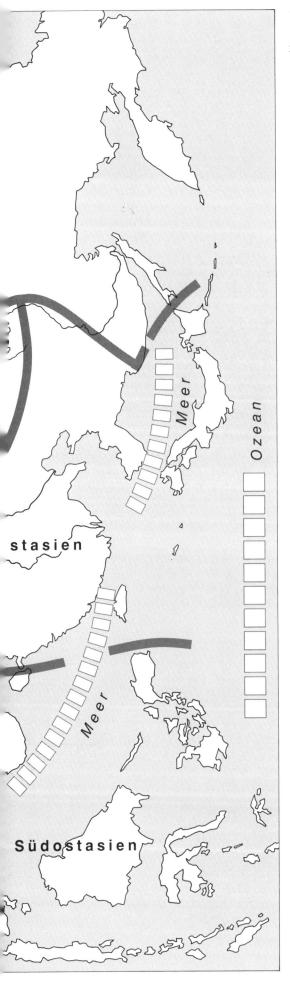

1. Ergänze in der Karte die Namen der **Ozeane** und der **Randmeere** Asiens.

2. Ordne die folgenden Staaten den Großräumen Asiens zu (evtl. auch mehreren). Kreise die Ziffern in den zutreffenden Feldern ein und übertrage sie in die Leiste. Addiere die Zahlen. Stimmt deine Gleichung?

__ + __ + __ + __ + __ + __ + __ + __ + __ + __ = 65

	Nordasien	Westasien	Südasien	Südostasien	Ostasien	Zentralasien
China	1	2	3	4	5	6
Indien	7	8	9	0	1	2
Indonesien	3	4	5	6	7	8
Iran	9	0	1	2	3	4
Israel	5	6	7	8	9	0
Japan	1	2	3	4	5	6
Bangla Desh	7	8	9	0	1	2
Saudi-Arabien	3	4	5	6	7	8
Rußland	9	0	1	2	3	4
Türkei	5	6	7	8	9	0

3. Asien – Kontinent der Rekorde

1 = Der höchste Berg der Erde mit 8848 m

Mount ⁹__ __ __ ⁶__ __ __

2 = Das Gebirge, in dem der höchste Berg der Erde und weitere 10 Achttausender liegen

__ ⁸__ __ __ __ __ __ __ __

3 = Der tiefste See der Erde (1620 m tief; ca. 53°N, 107°O)

__ __ __ __ ⁷__ __ __ __

4 = Der bevölkerungsreichste Staat der Erde (1 200 Mio Einwohner, d.h. fast ein Viertel der Erdbevölkerung) mit der zweitgrößten Fläche (9,6 Mio km²)

__ __ __ ⁵__ __

5 = Der tiefstgelegene See der Erde (–403 m NN; 31° 30'N, 35° 30'O)

⁴__ __ __ __ __

6 = Der Staat mit der zweitgrößten Bevölkerungszahl der Erde (890 Mio Einwohner)

¹__ __ __ __ ¹⁰__ __

7 = Der flächengrößte Staat der Erde (17,1 Mio km² einschließlich europäischem Anteil)

__ __ ²__ __ __ __ __

8 = Der Staat mit der höchsten Bevölkerungsdichte (aller Staaten mit mehr als 1 Mio Einwohner), an der Mündung des Ganges gelegen (672 Einw./km²)

__ __ __ ³__ __ __ __ __ __

Lösungswort (Staat in Südostasien):

[1] [2] [3] [4] [5] [6] [7] [8] [9] [10]

19

Von der Sowjetunion zur Gemeinschaft Unabhängiger Staaten (GUS)

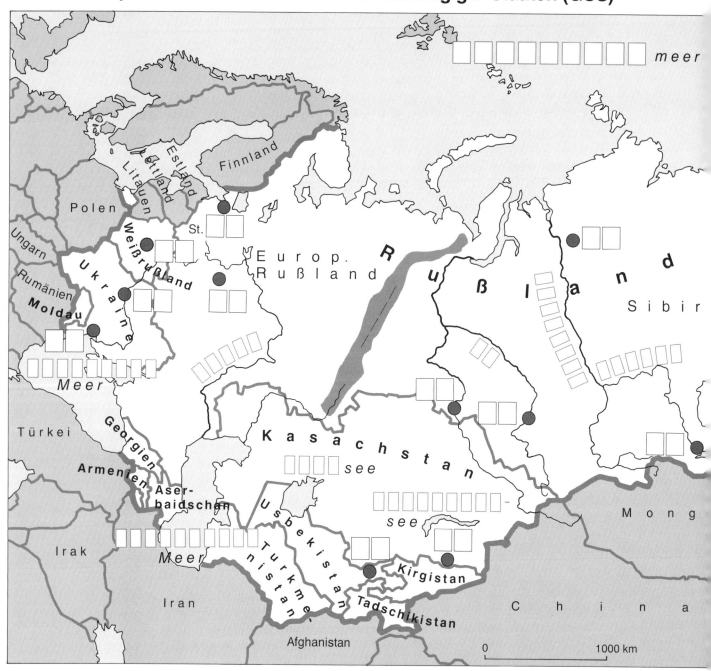

![Legende]

▬▬▬ Gebiet der ehemaligen Sowjetunion (bis 1991)

☐ Mitgliedstaaten der GUS

▨ Staaten, die nicht der GUS beigetreten sind

1. Trage den Namen des **Gebirges** zwischen Europa und Nordasien sowie die Namen der eingezeichneten **Flüsse**, **Randmeere** und **Seen** in die Karte ein.

2. In welchen Staaten bzw. Teilräumen der GUS befinden sich die rechts aufgeführten wirtschaftlichen Nutzungsräume? Kreise die Buchstaben in den zutreffenden Feldern ein, und stelle sie der Reihe nach zu einem Lösungswort zusammen. Es ist der Name für die „Schatzkammer Rußlands", d.h. einer Region mit reichen Bodenschätzen.

Lösungswort: ☐☐☐☐☐☐☐

Ausgewählte Staaten bzw. Teilräume:	Ru...
	Europ. Rußland
Erdölfelder um Surgut	C
Wasserkraftwerk Bratsk	M
Eisenerzlager bei Kursk	B
Industriegebiet um Karaganda	U
Steinkohlebergbau bei Donezk	G
Maschinen- und Fahrzeugbau bei Gorki	I
Zuckerrübenanbau bei Charkow	S
Oasenwirtschaft am Amu Darja	O

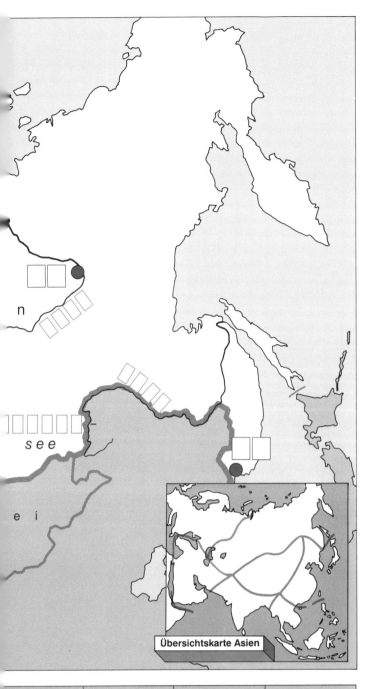

n

_s e e_

_e i_

Übersichtskarte Asien

| and | Ukraine | Kasachstan | Usbekistan, Turkmenistan |
Sibirien			
S	A	L	O
I	B	E	K
U	D	N	P
V	F	I	W
H	R	Z	E
Q	T	J	L
A	E	C	G
R	F	L	N

Städte in der Sowjetunion

Trage die Namen in die Tabelle und die ersten beiden Buchstaben in die zugehörigen Kästchen in der Karte ein. Die numerierten Buchstaben ergeben nacheinander gelesen die Namen der größten sibirischen Ströme.

1 = Großstadt in der Nähe der Jenissei-Mündung

__ **1** __ __ __ __ __

2 = Größte Industriestadt Sibiriens (am Ob)

__ __ __ __ **2** __ __ __ __

3 = Großstadt an der Lena

3 __ __ __ __ __

4 = Hauptstadt der Ukraine

__ __ **4** __ __

5 = Hauptstadt Weißrußlands

__ __ **5** __ __

6 = Großstadt am Baikalsee

6 __ __ __ __ __

7 = Hauptstadt Rußlands

__ __ **7** __ __ __

8 = Millionenstadt am Irtysch

__ __ **8** __

9 = Größte Hafenstadt an der Ostsee

__ __ · __ **9** __ __ __ __ __ __

10 = Größte Hafenstadt am Pazifischen Ozean

__ __ __ **10** __ __ __ __ __

11 = Hauptstadt Kasachstans

__ **11** __ __ __

12 = Hauptstadt Usbekistans

__ __ __ __ __ **12** **13** __

13 = Größte Hafenstadt am Schwarzen Meer

__ __ __ __ **14**

Lösungswörter:

1 **2**

3 **4** **5** **6** **7** **8** **9** **10**   **11** **12** **13** **14**

21

Westasien

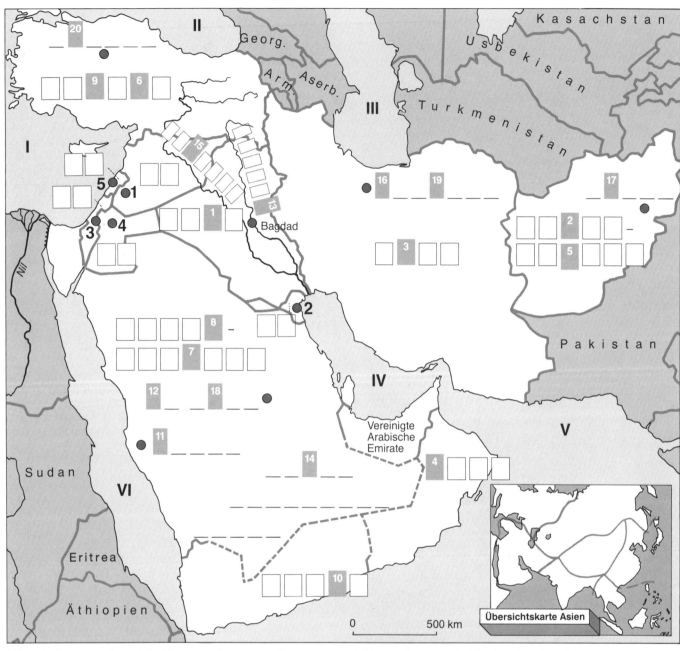

1. Westasien grenzt an viele **Meere** und **Meeresteile**. Wie heißen sie?

I = _ _ _ _ _ [2] _ _

II = _ _ _ _ _ [5] _ _ _

III = [1] _ _ _ _ _ [7] _ _ _ _ _ _

IV = Arabisch-_ _ _ _ [6] _ _ _ _ [8] _Golf

V = _ _ _ _ _ [4] _ _ _ _ _ Meer

VI = _ _ _ _ [3] _ _ _ _

Lösungswort (Halbinsel Westasiens):

[1] [2] [3] [4] n [5] [6] [7] [8]   n

2. Benenne 7 große **Flächenstaaten** (Atlas).
Benutze für die Eintragungen die Kästchen in der Karte.
Lösungswort (Gebirge im Iran):

Z [1] [2] [3] [4] [5] g [6] [7] [8] [9] g [10]

3. Trage die ersten beiden Buchstaben folgender kleiner **Staaten** in die Karte ein. Ergänze in der Tabelle ihre **Hauptstädte** (Atlas) und ihre Kartenziffer.

Staat	Hauptstadt	Ziffer
Syrien	_ _ _ _ _ _ _ _ _	_
Libanon	_ _ _ _ _ _ _	_
Israel	_ _ _ _ _ _ _ _ _	_
Jordanien	_ _ _ _ _ _	_
Kuwait	_ _ _ _ _ _	_

Die Summe der ersten drei Ziffern ergibt 9.

4. Benenne in der Karte **Flüsse** und weitere **Städte** und trage den Namen einer großen **Wüste** ein.
Schreibe auf den Strichen.
Lösungswort (Zwischenstromland zwischen den beiden benannten Flüssen):

[11] [12] [13] [14] [15] o [16] [17] m [18] [19] [20]

5. Kennzeichne **Westasien** in der Übersichtskarte farbig.

Südasien

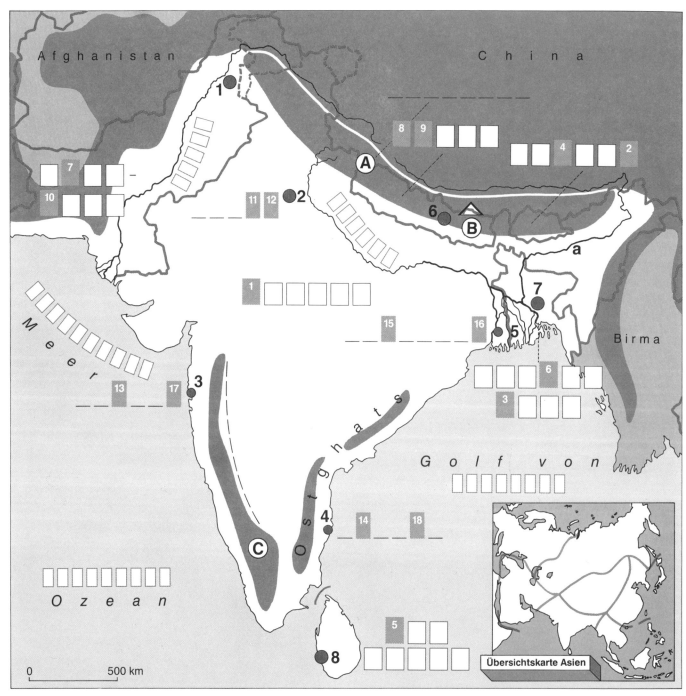

1. Schreibe in die Karte die Namen von 6 **Staaten.** Die beiden Lösungswörter bezeichnen zwei **Flüsse.** Trage die Flußnamen ebenfalls in die Karte ein.

Lösungswörter: [1] [2] [3] [4] [5] [6] [7] [8] g [9] [10]

2. Gesucht wird die **Hauptstadt**   Ziffer

– eines Inselstaates __ __ __ [4] __ __

– im Hochgebirge __ [2] [7] __ __ __ [6]

– nahe dem Indus __ __ __ __ [1] __ __

– eines Subkontinentes __ __ __ [3] __ __

– im Mündungsgebiet des Ganges __ [5] __ __ [8]

Lösungswort: Fluß **a:** [1] r [2] [3] [4] [5] p [6] [7] r [8]

Ordne jetzt die Ziffern der Städte aus der Karte deinen Hauptstadtnamen zu. Die Summe der ersten beiden Ziffern ergibt 14, die der letzten beiden Ziffern 9.

3. Benenne in der Karte große **Städte** Indiens.

Lösungswort (Gebirge): [11] [12] [13] [14] [15] [16] [17] [18]

4. Trage in die Karte die Namen der **Meere** und der **Gebirge** Ⓐ und Ⓒ ein.

5. Wie heißt der **Berg** Ⓑ (8848 m)?

__ __ __ __ __ __ __ __ __

6. Kennzeichne **Südasien** in der Übersichtskarte farbig.

Zentral- und Ostasien

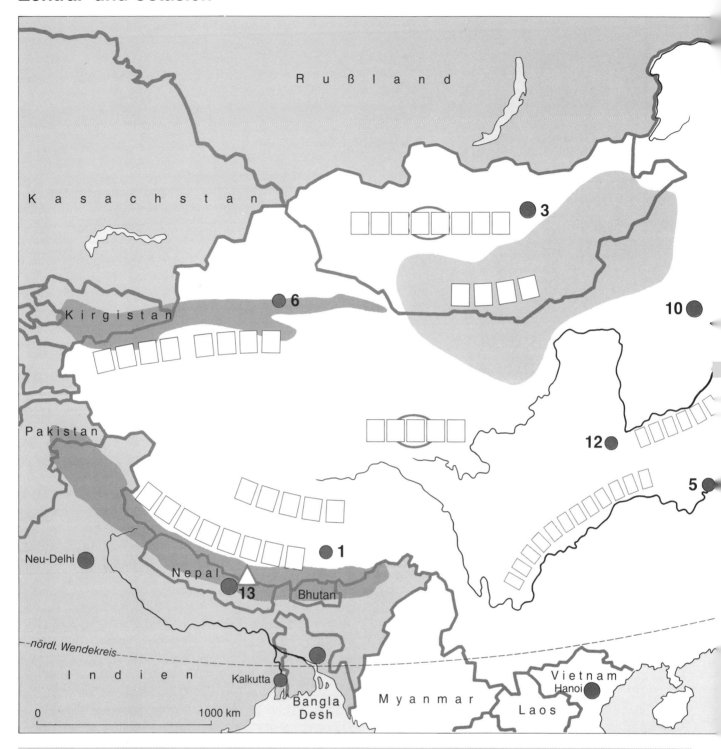

1. Übertrage die Bezeichnungen in die Karte:

Staaten: M o n g o l e i, J a p a n, T a i w a n (= Republik China, auch Formosa genannt), C h i n a (= Volksrepublik China), K o r e a

Flüsse: A m u r, H w a n g h o (auch Huang He genannt), J a n g t s e k i a n g

Gebirge: H i m a l a y a, T i a n S h a n

Landesteile: T i b e t, M a n d s c h u r e i

Meer: P a z i f i s c h e r O z e a n

Wüste: G o b i

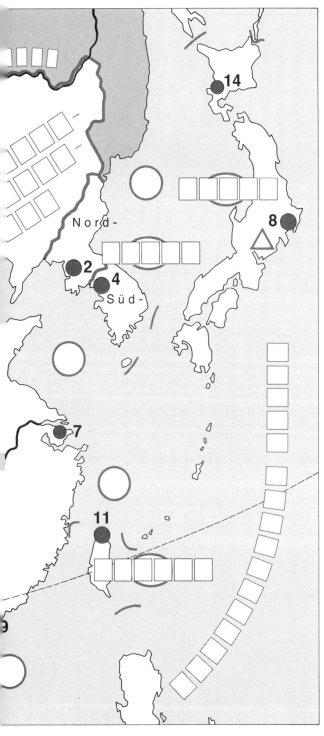

2. Trage die Kennbuchstaben folgender **Meeresteile** und **Berge** in die Karte ein:

Ⓐ **Japanisches Meer** ● ● ● ● ● ● ● ● ● ● ●

Ⓑ **Gelbes Meer** ● ● ● ● ● ● ● ● ● ● ●

Ⓒ **Ostchinesisches Meer** ● ● ● ● ● ● ● ● ● ●

Ⓓ **Südchinesisches Meer** ● ● ● ● ● ● ● ● ●

△Ⓔ **Mount Everest** (8848 m) ● ● ● ● ● ● ● ●

△Ⓕ **Fujiyama** (3776 m; auch Fujisan genannt) ● ● ● ● ●

3. Ordne folgende **Städte** mit Hilfe der Ziffern in der Karte richtig zu:

Hongkong – Katmandu – Lhasa – Peking – Pyongyang – Sapporo – Shanghai – Soul (auch Seoul) – Taipeh – Tokio – Ulan Bator – Urumchi (auch Ürümqi) – Wuhan – Xian

Lösungswörter: zwei japanische Inseln

1										
2										
3										
4										
5										
6										
7										
8										
9										
10										
11										
12										
13										
14										

4. Lege die Fläche von Zentral- und Ostasien in der kleinen Übersichtskarte farbig an.

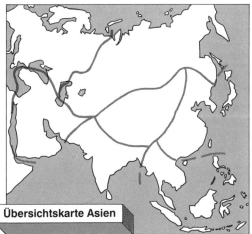

Übersichtskarte Asien

Südostasien

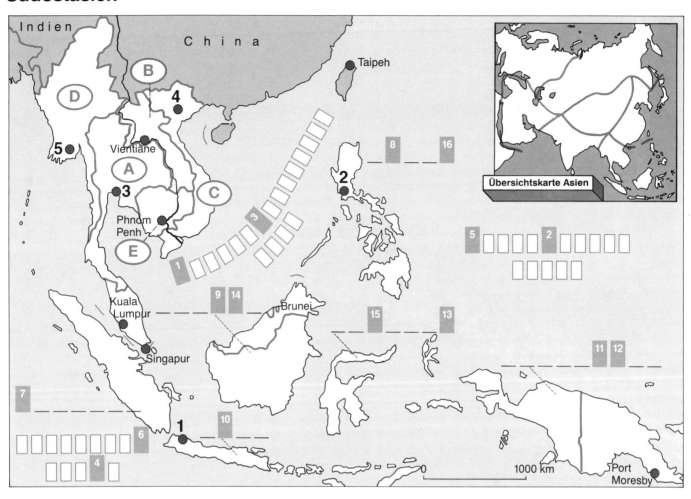

1. Benenne in der Karte die **Meere** und **Meeresteile** (Atlas).
Lösungswort (Stadtstaat):

[1] [2] [3] _g_ [4] [5] _u_ [6]

2. Benenne die **Inseln** in der Karte.
Das Lösungswort nennt eine Inselgruppe.

[7] [8] [9] _d_ [10] [11] [12] [13] [14] [15] [16]

3. Wie heißen die **Staaten** Hinterindiens?
Benenne **A** - **E** mit Hilfe der Karte.

- der Mekong ist Grenzfluß zwischen **A** und **B**:

A = __ [7] [1] __ __ __ __ [5] __   **B** = __ __ [4] [6]

- Staat am Südchinesischen Meer:

C = __ __ __ __ __ [8] __ __

- Staat am Golf von Bengalen:

D = [3] __ __ [2] __

Das Lösungswort der Aufgabe 3 nennt den 5. Staat
Hinterindiens:

E = _K_ [1] [2] [3] [4] [5] [6] _c_ [7] [8]

4. Die Inseln gehören zu folgenden Staaten (Atlas):

Borneo ———→ __ [1] [2] [4] _y_ __ __ [6]

Sumatra ———→
Java ———→ [3] __ __ __ __ [5] __ __ [7]
Celebes ———→
Neuguinea ———→
(westlicher Teil)

Der indonesische Teil von Borneo heißt:

_K_ [1] [2] _m_ [3] [4] _t_ [5] [6] [7]

5. Wie heißen die Hauptstädte?

1=	J	a				
2=		a				■
3=		a				
4=		a			■	■
5=		a				■

6. Kennzeichne Südostasien in der Übersichtskarte farbig.

Australien

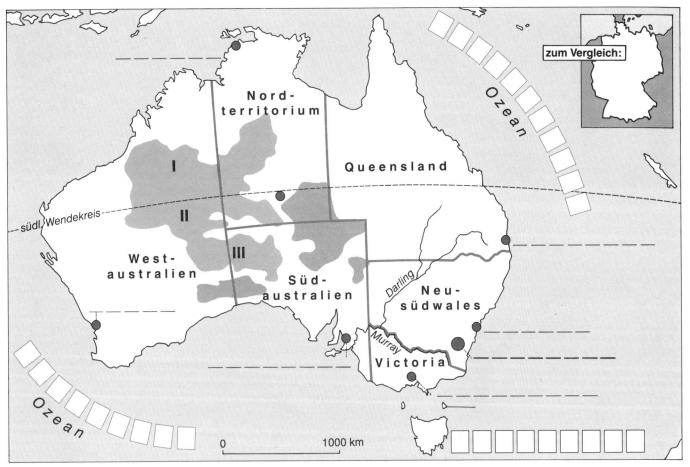

Ozean

zum Vergleich:

Nord-territorium

Queensland

West-australien

Süd-australien

Neu-südwales

Darling

Murray

Victoria

Ozean

südl. Wendekreis

0   1000 km

1. Trage die Namen der **Städte**, der **Ozeane** und der größten australischen **Insel** in die Karte ein.

2. Australien ist ein Land der Wüsten. Ordne den in der Karte enthaltenen Ziffern I bis IV im folgenden die Namen der einzel-
nen **Wüsten** zu.

I = G __ __ ß __ __ __ __ __ wüste

II = G __ __ __ __ __ __ __ __ __ __ __ __   III = __ __ __ ß __ V __ __ __ __ __ __ __ __ __

3. Kreuzworträtsel Australien

1															
2															
3															
4															
5															
6															
7															
8															
9															
10															
11															
12															

1 = Hafenstadt im Norden

2 = Kleinster Kontinent der Erde

3 = Wüste in Westaustralien

4 = Hauptstadt Australiens

5 = Hafenstadt in Westaustralien

6 = Hafenstadt in Queensland

7 = Ozean im Osten Australiens (Kurzname)

8 = Grenzfluß zwischen zwei Bundesstaaten Australiens

9 = Wüste im Nordterritorium

10 = Hafenstadt im Südosten

11 = Australisches Beuteltier

12 = Größte Insel des Landes

Lösungswort: Name der Stadt im Zentrum Australiens

Prüfe dein Wissen: Asien

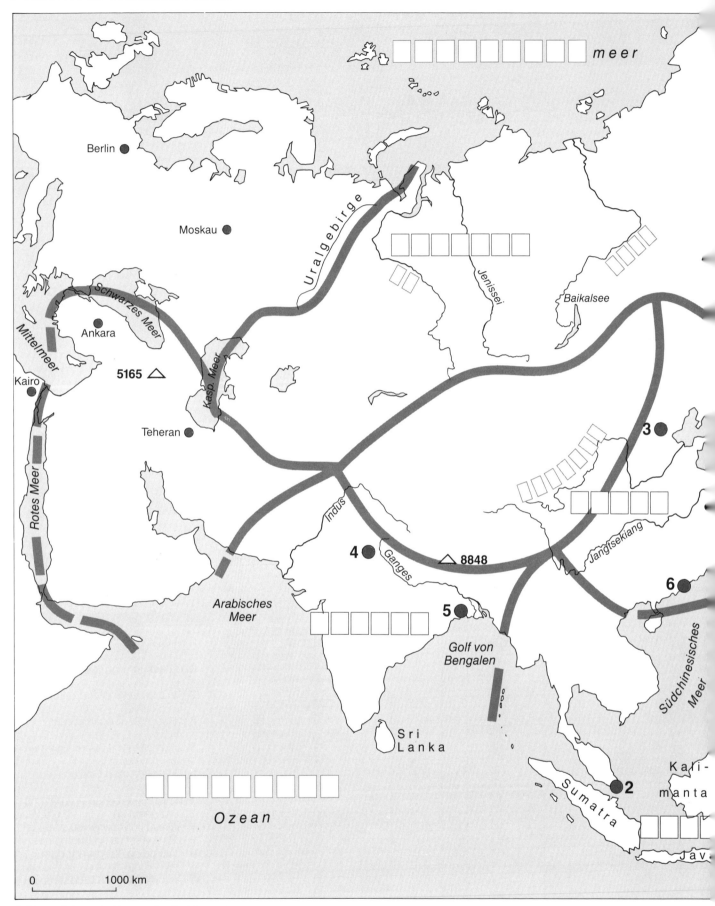

1. Trage folgende Namen in die Karte ein:

   Staaten: Indien, China, Rußland, Japan, Indonesien

   Flüsse: Lena, Ob, Hwangho

2. Setze die Namen der drei **Meere** in die Karte ein.

28

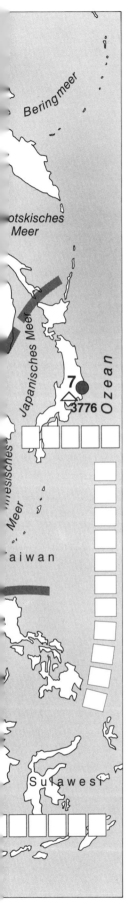

3. In der Karte sind 8 Städte mit Kennziffern eingezeichnet. Ordne ihre Namen den folgenden Ziffern richtig zu. Das Lösungswort bezeichnet einen Inselstaat in Südasien.

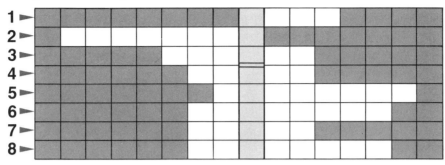

Hongkong
Kalkutta
Delhi
Peking
Shanghai
Singapur
Soul (Seoul)
Tokio

4. Drei hohe **Berge** sind in der Karte dargestellt (△). Wie heißen sie?

Höhe über NN (m)	Name	Staat
5165	__ __2__ __ __ __	_____
8848	__ __ __ __ __3__ __ __ __ __	_____
3776	__ __1__ __ __ __ __4__	_____

Lösungswort (Insel in Südostasien): [1] [2] [3] [4]

5. Ordne den 5 Teilen Asiens zu:

	Süd-Asien	West-Asien	Nord-Asien	Zentral- u. Ostasien	Südost-Asien	Staat
Ankara						
Arabisches Meer						▨
Ararat						
Baikalsee						
China						▨
Ganges						▨
Himalaya						▨
Hongkong						▨
Hwangho (Huang He)						▨
Indien						▨
Indonesien						▨
Japan						▨
Jenissei						
Kalkutta						
Lena						
Delhi						
Ob						
Shanghai						
Singapur						▨
Soul						
Sri Lanka						▨
Sumatra						
Taiwan						▨
Teheran						
insgesamt	5 ✕	4 ✕	4 ✕	8 ✕	3 ✕	

Afrika im Überblick

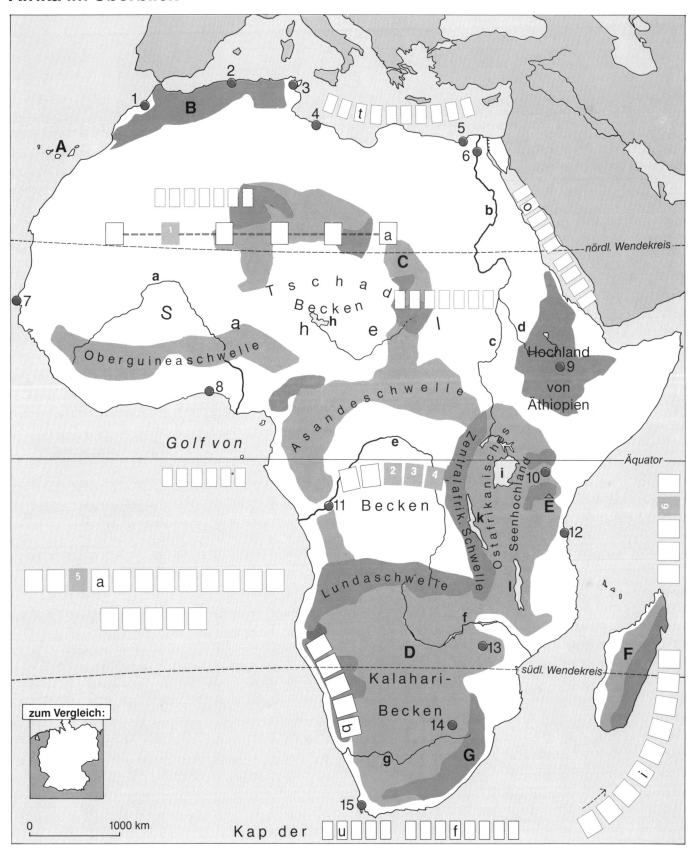

Trage in die Karte ein: **Ozeane, Meere, Gebirge**, die **Wüste** im nördlichen Afrika, das **Becken** in Zentralafrika sowie das **Kap** im Süden Afrikas.

Lösungswort (Staat an der Westküste Afrikas):

Inseln, Wüsten und Gebirge

A= __ __[1]__ __ __ __ __ __ __[2]__ __ __ __ __ __ __ __

B= H o h e r __[3]__ __ __ __ __

C= __ __[9]__ __ __ __ __ __

D= __ __[4]__ __ __ __ __[5]__ __

E= __ __ __ __ __ __ n j __[10]__ __

F= __ __ __ __[6]__ __ __ __

G= __ __ __ __ __ __[7]__ __ __[8]__ __ __[11]__[12]__

Lösungswort (Gebirge in der Sahara): [1] [2] [3] G G [4] [5] [6] [7] [8] [9] [10] [11] [12]

Flüsse

Fluß	Quellgebiet	Mündungsgebiet (Ozean, Meer)
a		
c Weißer Nil		
b		
d Blauer Nil		
e		
f		
g		

Seen

In Nordafrika gibt es nur einen natürlichen See:

h= __[3]__ __ __ __ __ __ __ __

Die größten natürlichen Seen Afrikas liegen in Ostafrika:

i= __ __[6]__ __ __ __[1]__ __ __ s e e

k= __ __[2]__ __ __[5]__ __ __[4]__[7]__ s e e

Lösungswort (zweithöchster Berg Afrikas): M __[1]__ u __[2]__ __[3]__ __[4]__ e __[5]__ __[6]__ __[7]__

Städte

1= __ __[1]__ __ __ __ __ __ __

2= __ __ __ __ __[3]__ __ __ __

2= __[2]__ __ __ __ __ __[5]__

4= __ __ __ __[6]__ __ __ __

5= __ __ __[7]__ __[4]__ __ __ __ __ __ __

5= __ __ __[12]__ __[8]__

7= __ __ __ __[13]__ __ __ __

8= __ __ __[13]__ __ __ __

9= __ __ __ __[11]__ __ __ __ __

10= __ __[9]__ __ __

11= __ __ __ __[14]__ __ __ __ __

12= __ __ __ __ __ __[15]__ __

13= __ __ __[17]__ __

14= __ __ __[18]__ __ __ __

15= __ __ __ __[16]__ __ __ __

Lösungswort (Meerenge zwischen Afrika und Europa): [1] [2] [3] [4] [5] [6] [7] v [8] [9] [10] [11] [12] [13] [14] [15] [16] [17] [18]

Afrika: Vegetationszonen

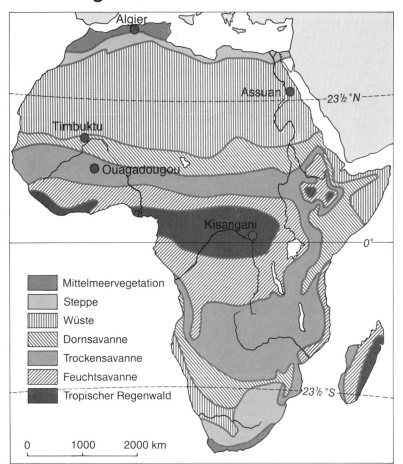

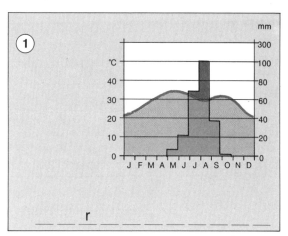

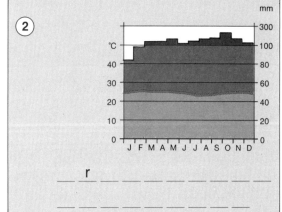

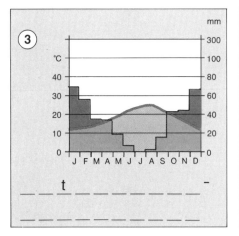

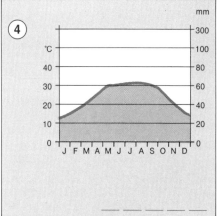

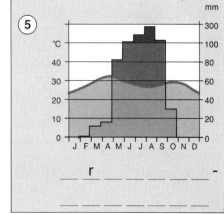

1. Ordne die Klimadiagramme den Vegetationszonen zu.
   Schreibe die Bezeichnung der jeweiligen Vegetationszone
   an das betreffende Diagramm.

2. Schreibe die Ziffern der Klimadiagramme an die Städte
   in der Karte.

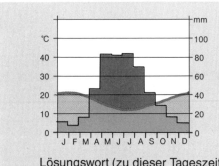

3. Dieses Klimadiagramm von Kapstadt ist beinahe
   das Spiegelbild zu einem der Klimadiagramme
   aus der Aufgabe 1 – nämlich zu Nr. ___

   Erklärung: Das Klimadiagramm ist spiegelbildlich, weil

   Kapstadt auf der _____ liegt.

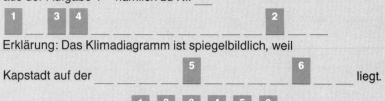

Lösungswort (zu dieser Tageszeit steht die Sonne am höchsten):